LA ARAÑA SALTADORA

David M. Schwartz, galardonado autor de libros infantiles, ha escrito libros sobre diversas materias que han deleitado a niños de todo el mundo. El amplio conocimiento de las ciencias y el sentido artístico de Dwight Kuhn se combinan para producir fotografías que captan las maravillas de la naturaleza.

David M. Schwartz is an award-winning author of children's books, on a wide variety of topics, loved by children around the world.
Dwight Kuhn's scientific expertise and artful eye work together with the camera to capture the awesome wonder of the natural world.

Please visit our web site at: www.garethstevens.com
For a free color catalog describing Gareth Stevens Publishing's list of high-quality books and multimedia programs,
call 1-800-542-2595. Gareth Stevens Publishing's Fax: (414) 332-3567.

Library of Congress Cataloging-in-Publication Data

Schwartz, David M.
     [Jumping spider. Spanish]
     La araña saltadora / David M. Schwartz; fotografías de Dwight Kuhn; [Spanish translation, Guillermo Gutiérrez and Tatiana Acosta]. —
North American ed.
          p. cm. — (Ciclos de vida)
     Includes bibliographical references and index.
     Summary: Describes the physical characteristics and behavior of the jumping spider, from egg to adult.
     ISBN 0-8368-2989-1 (lib. bdg.)
     1. Jumping spiders—Life cycles—Juvenile literature. [1. Jumping spiders. 2. Spiders. 3. Spanish language materials.]
I. Kuhn, Dwight, ill. II. Title.
QL458.42.S24S3818   2001
595.4'4—dc21   2001042834

This North American edition first published in 2001 by
Gareth Stevens Publishing
A World Almanac Education Group Company
330 West Olive Street, Suite 100
Milwaukee, WI 53212 USA

Also published as *Jumping Spider* in 2001 by Gareth Stevens, Inc.
First published in the United States in 1999 by Creative Teaching Press, Inc., P.O. Box 2723, Huntington Beach, CA 92647-0723.
Text © 1999 by David M. Schwartz; photographs © 1999 by Dwight Kuhn. Additional end matter © 2001 by Gareth Stevens, Inc.

Gareth Stevens editor: Mary Dykstra
Gareth Stevens graphic design: Scott Krall and Tammy Gruenewald
Translators: Tatiana Acosta and Guillermo Gutiérrez
Additional end matter: Belén García-Alvarado

Printed in the United States of America

2 3 4 5 6 7 8 9 05 04 03 02

LA ARAÑA SALTADORA

David M. Schwartz
fotografías de Dwight Kuhn

Gareth Stevens Publishing
A WORLD ALMANAC EDUCATION GROUP COMPANY

Una pequeña araña se desliza lentamente sobre una hoja. Aunque está cazando, no usa una telaraña. Es una araña saltadora. Una araña saltadora acecha a sus presas como si fuera un gato. De repente, se abalanza de un salto sobre una mosca.

Cuando una araña saltadora macho ve a una hembra, debe tener mucho cuidado. ¡La hembra podría abalanzarse sobre él y comérselo! El macho, de color oscuro, realiza una pequeña danza mientras se aproxima a la hembra, de color café. Agita las patas o salta, y de ese modo la hembra entiende que el macho quiere aparearse y le permite acercarse.

Después de aparearse, la hembra teje un saco de seda sobre una hoja y deposita dentro sus huevos. Luego, teje más seda para "coser" el saco, de modo que quede cerrado y firmemente pegado a la hoja. La hembra permanecerá sobre el saco para proteger los huevos.

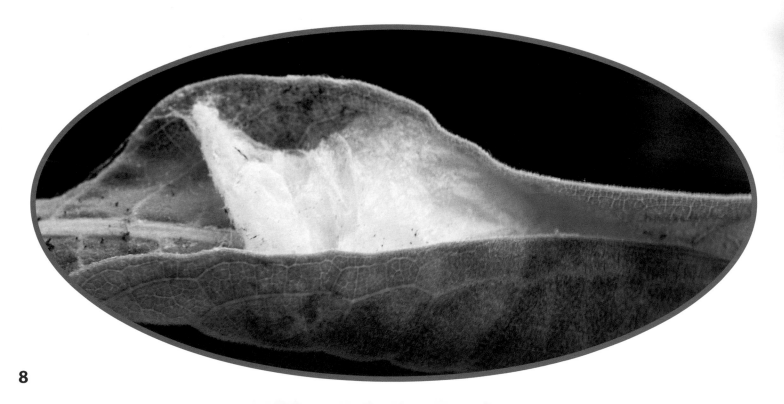

Dentro del saco, docenas de crías salen de los huevos. Aunque son muy pequeñas, ya tienen forma de arañas adultas, con ocho patas y el cuerpo dividido en dos partes. Las crías de araña son capaces de cazar desde el principio, y comen pequeñas moscas y otros insectos.

Una cría de araña crece hasta que es demasiado grande para su dura piel. Entonces debe hacer una muda, es decir, cambiar de piel. Abandona su antigua piel y sigue su camino en una piel nueva y más grande. ¡Aunque la piel que dejó atrás está vacía, es fácil ver que una araña la ocupó anteriormente! Una araña joven mudará la piel al menos cuatro veces antes de ser adulta.

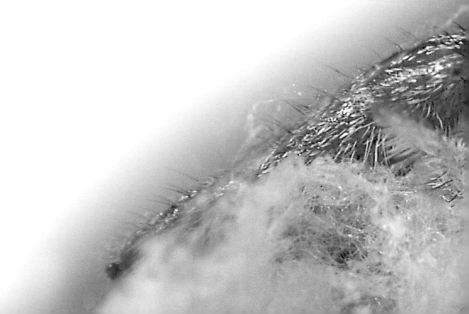

Una araña casi adulta es ya una hábil cazadora. Sus grandes ojos le permiten descubrir presas a gran distancia. ¡Posee cuatro ojos en la parte superior de la cabeza y cuatro más delante!

Aunque una araña saltadora sólo mide — $1/2$ pulgada (1 centímetro) de largo, es capaz de saltar 40 veces su tamaño. ¡Si tú consiguieras saltar tanto, podrías cubrir la mitad de un campo de fútbol de un salto! Por si acaso falla en su intento, la araña teje un "hilo de seguridad" de seda para sujetarse y no caer al suelo.

Una araña no puede masticar, así que ¡tiene que convertir a su presa en sopa! Para matarla, le clava los colmillos y le inyecta un veneno. Luego, le introduce unos jugos especiales que convierten en líquido sus entrañas.

Cuando tenga un año de edad, la araña saltadora buscará
pareja, y nacerá así una nueva generación de arañas saltadoras.

¿Puedes poner en orden las siguientes etapas del ciclo de vida de una araña saltadora?

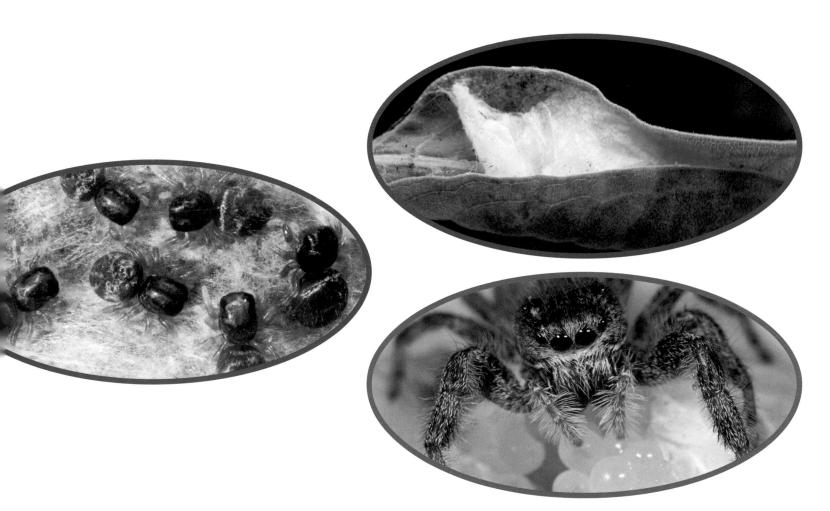

Respuesta

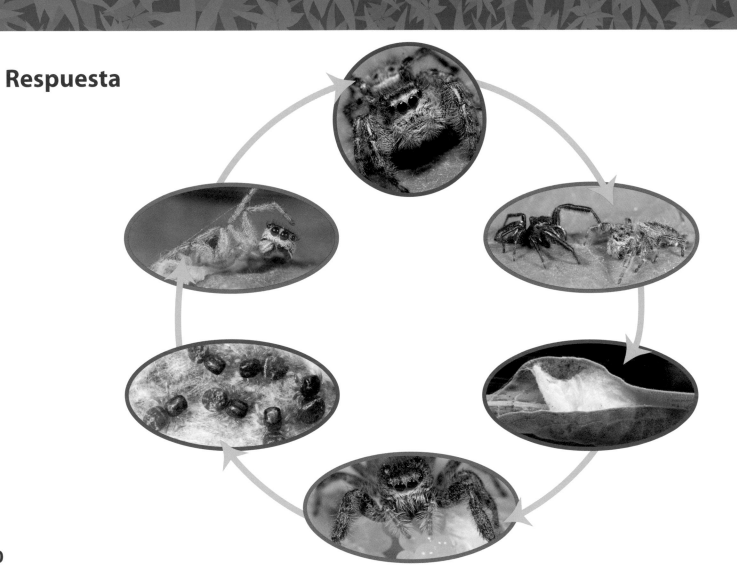

abalanzarse: lanzarse por sorpresa sobre algo o alguien, como, por ejemplo, una presa.

acechar: observar teniendo cuidado para evitar ser visto.

aparearse: unirse a otro animal para tener crías.

colmillos: dientes largos y puntiagudos. Los colmillos de las arañas, poseen unas glándulas en la punta que segregan un veneno mortal para sus presas.

deslizarse: pasar suavemente y sin hacer ruido, moviéndose cerca del suelo.

docena: grupo de doce unidades.

entrañas: conjunto de los órganos internos de un animal.

generación: grupo de personas o animales nacidos en un mismo periodo de tiempo.

hábil: capaz de hacer bien una determinada tarea.

inyectar: meter a presión un líquido usando un objeto puntiagudo como una aguja.

mudar: eliminar una capa externa de piel, plumas o pelo antes de que aparezca una nueva.

pareja: compañero con fines de reproducción en una especie animal.

presa: animal que sirve de alimento a otro animal.

seda: hilo muy fino con el que la araña teje su tela.

Salta de alegría

Una araña saltadora puede saltar de una vez 40 veces su tamaño. Averigua qué distancia cubrirías si pudieras saltar 40 veces tu altura. Pídele a alguien que mida tu altura con un pedazo de cuerda. Busca un lugar abierto, como un parque, y usa el pedazo de cuerda para medir 40 veces tu altura. Ahora sitúate en el punto donde empezaste a medir y da un salto tan largo como puedas. ¿Pudiste saltar tanto como la araña?

¿Qué hay de comer?

La mayoría de las arañas atrapan a sus presas usando pegajosas telarañas, pero las arañas saltadoras se abalanzan sobre ellas como si fueran gatos. Consulta libros y visita páginas de Internet para conocer otros métodos utilizados por diferentes tipos de arañas para "llenarse el estómago".

Artísticas arañas

Crea arañas con materiales que puedes hallar en casa o en una tienda de manualidades. Para hacer las dos partes del cuerpo podrías usar bolas de espuma de estireno o moldes de papel para magdalenas, y los limpiapipas son ideales para hacer las patas. ¿Cuántos ojos necesitas para una araña saltadora?

¿En qué se diferencian?

Aunque tanto arañas como insectos son animales invertebrados, es decir, sin espina dorsal, ambos grupos se diferencian en muchos aspectos. Haz una tabla con las diferencias. Dobla por la mitad una hoja de papel a lo largo y dibuja en la parte superior una araña en un lado y un insecto en el otro. Bajo cada dibujo, anota qué características distinguen a las arañas de los insectos. Por ejemplo, las arañas tienen ocho patas. ¿Cuántas tiene un insecto?

Más libros para leer

Asombrosas arañas. Alexandra Parsons (Editorial Bruño)
Arañas. Norman Barrett (Watts, Franklin)
Arañas comedoras de pájaros. Louise Martin (Rourke Corporation)
Esos asquerosos bichos. Colección Esa horrible ciencia (Editorial Molino)
Insectos y arañas. Serie Enciclopedia Ilustrada (Editorial Plaza & Janés)
Las arañas. Maria Àngels Julivert (Parramón Editores)
Los insectos. Laurence Mound, A. Mound (Lectorum Publications)

Páginas Web

http://iibce.edu.uy/difusion/index.html
http://www.people.virginia.edu/~nbm5b/spiders/home.html

Algunas páginas Web no son permanentes. Puedes buscar otras páginas Web usando un buen buscador para localizar los siguientes temas: *insectos, escarabajos, arácnidos, araña saltadora* y *arañas.*

ÍNDICE